« *L'immense bataille finira, sans nul doute,*
« *après la tempête des explosifs, par l'assaut*
« *général à la baïonnette.* Préparons-le pen-
« dant les périodes de repos, dans nos lignes de
« combat comme dans les dépôts de l'intérieur. »

Général MALLETERRE.

Le "Combat à la Baïonnette"

PAR MM.

HÉBRARD DE VILLENEUVE,
HENRY BÉRENGER, *Sénateur*,
LÉON BAILBY, GEORGES BERTHOULAT, ANDRÉ GAUCHER,
RENÉ LACROIX, GEORGES LEMARCHAND, POLYBE

OPINIONS MILITAIRES

Préface de M. le Général MALLETERRE

LIBRAIRIE MILITAIRE BERGER-LEVRAULT

PARIS
DES BEAUX-ARTS

NANCY
18, RUE DES GLACIS

Prix : 75 centimes.

Le "Combat à la Baïonnette"

« *L'immense bataille finira sans nul doute,*
« *après la tempête des explosifs, par l'assaut*
« *général à la baïonnette.* Préparons-le pen-
« dant les périodes de repos, dans nos lignes de
« combat comme dans les dépôts de l'intérieur. »

Général MALLETERRE.

Le "Combat à la Baïonnette"

PAR MM.

HÉBRARD DE VILLENEUVE,
HENRY BÉRENGER, *Sénateur*,
LÉON BAILBY, GEORGES BERTHOULAT, ANDRÉ GAUCHER,
RENÉ LACROIX, GEORGES LEMARCHAND, POLYBE

OPINIONS MILITAIRES

Préface de M. le Général MALLETERRE

LIBRAIRIE MILITAIRE BERGER-LEVRAULT

PARIS
5-7, RUE DES BEAUX-ARTS

NANCY
18, RUE DES GLACIS

Le "Combat à la Baïonnette"

Œuvre de guerre approuvée
par le
Ministère de la Guerre et le Grand Quartier Général

COMITÉ D'HONNEUR

MM.

le Général AVON; Maurice BARRÈS, de l'Académie Française; Colonel BREGENZE, attaché militaire d'Italie à Paris; Henry CHÉRON, sénateur; DEUTSCH de la Meurthe; Alphonse DEVILLE, conseiller municipal; Paul DOUMER, sénateur; Jean DUPUY, sénateur, président du Syndicat de la Presse parisienne, directeur du *Petit Parisien*; Colonel FUKUHARA, attaché militaire du Japon à Paris; James H. HYDE; Colonel LEROY-LEWIS, attaché militaire d'Angleterre à Paris; Général MALLETERRE, commandant des Invalides; Colonel MORDACQ; Adrien MITHOUARD, président du Conseil municipal de Paris; Colonel d'OSNOBICHINE, attaché militaire de Russie à Paris; Léon PARIS, président du Conseil général de la Seine; Stephen PICHON, sénateur, directeur politique du *Petit Journal*; Commandant SÉE; Colonel STEFANOVITCH, attaché militaire de Serbie à Paris.

COMITÉ

Président : M. HÉBRARD de VILLENEUVE, président de section au Conseil d'État, président de la Société d'encouragement à l'Escrime française.

Vice-Présidents : MM. Henry BÉRENGER, sénateur,
Henri GALLI, député,
Joseph REINACH.

Délégué général : M. G. LEMARCHAND, conseiller municipal.

Trésorier : M. Louis AUCOC, conseiller municipal.

Secrétaire général : M. André GAUCHER, fondateur.

Secrétaires-adjoints : MM. René LACROIX, Maurice LEUDET.

Membres du Comité :

MM.

d'ANDIGNÉ, conseiller municipal de Paris; Louis ANDRIEUX, député; Léon BAILBY, directeur de *l'Intransigeant*; BELLAN, conseiller municipal; Georges BERTHOULAT, directeur de *La Liberté*; capitaine CARPENTIER, attaché à l'inspection de l'armée belge, sénateur de Liége; Mis de CHASSELOUP-LAUBAT, président de la Fédération nationale de l'Escrime; Joseph CHAUMIÉ, sénateur; Jacques CHAUMIÉ, député; CONRAD, secrétaire du Conseil général de la Banque de France; Louis DAUSSET, conseiller municipal; Henri DESGRANGES, directeur de *l'Auto;* Jean FINOT, directeur de *La Revue;* ROBERT de FLERS, directeur du *Figaro;* comte GAUTIER-VIGNAL, président de la Fédération d'Escrime de la Côte d'Azur; GAY, vice-président du Conseil municipal de Paris; Charles HUMBERT, sénateur, directeur du *Journal;* Pierre LAFITTE, directeur de *La Vie au Grand Air ;* Gabriel LETAINTURIER-FRADIN, préfet de l'Yonne; Émile MASSARD, conseiller municipal de Paris, directeur de *La Patrie;* Arthur MEYER, directeur du *Gaulois;* Étienne de NALÈCHE, directeur des *Débats*; Dr VALENTIN des ORMAUX, président de la Fédération d'Escrime de l'Ouest; J. de PONTAUD, président de la Fédération d'Escrime du Sud-Ouest.

Le Comité s'inspire de ce principe que les avantages de l'école de l'assaut sur toute autre méthode d'enseignement du « combat à la baïonnette » ont été reconnus par l'autorité militaire; malheureusement, l'usage du matériel d'assaut nécessaire à cet enseignement (fusils d'étude à baïonnettes rentrantes, masques, gants de toile ou de peau) n'a été prescrit que depuis deux ans dans les régiments. Par conséquent, dix-huit classes sur vingt ignorent ce mode d'instruction qui donne de si merveilleux résultats en développant rapidement les aptitudes de combat qui sont en germe dans tout soldat français.

A l'heure où la baïonnette joue un rôle si actif dans les combats quotidiens, le Comité, pour remédier à cette lacune de notre entraînement à l'arme blanche, se propose de mettre à la disposition de nos soldats les moyens de se livrer, dans les « lignes de repos », à ce sport à la fois passionnant et utile, qui multiplie rapidement la valeur combative de l'homme en lui donnant une décision prompte et une grande confiance dans son arme.

Il offre donc de répandre dans les lignes de repos : 1° le matériel d'assaut nécessaire; 2° un rudiment illustré du combat à la baïonnette conforme au règlement militaire du 20 avril 1914.

L'œuvre ingénieuse et patriotique du Comité du « Combat à la baïonnette » a été agréée par le Ministère de la Guerre et le Grand Quartier Général. Elle vient d'être subventionnée par la Ville de Paris et par le Conseil général de la Seine.

PRÉFACE (1)

Paris, le 30 Août 1915.

Cher Monsieur,

Vous avez bien voulu me demander de préfacer la brochure de propagande du Combat à la Baïonnette. *J'en suis très honoré; mais aussi bien embarrassé. Que puis-je dire de plus qui ne soit exprimé en termes aussi précis qu'éloquents dans les différents articles qu'associe cette brochure? Je serais mal venu à appuyer d'un commentaire banal une thèse aussi fortement soutenue.*

Ce que je puis vous donner, du moins, c'est ma participation morale à l'œuvre que vous entreprenez, et vous renouveler publiquement le sentiment que j'ai de sa nécessité et de sa réussite.

Je me rappelle avec quelle surprise pénible je constatai en 1911, lorsque je pris le commande-

(1) De cette lettre adressée à M. André Gaucher, fondateur du " Combat à la baïonnette ", le *Temps*, a extrait un article paru dans le numéro du 10 septembre.

ment du 46e, combien était négligée l'escrime à la baïonnette.

Toutes nos générations, issues de la guerre de 1870, avaient été élevées dans le culte de l'épée et de la baïonnette. Les règlements leur consacraient une large place. Les belles séances que nous avions, au cours de l'instruction sur les places d'exercices, quand on regardait nos soldats volter et virevolter, l'arme haute, s'élancer avec souplesse et vivacité, la baïonnette en avant, piquer, pointer, parer, jouer en un mot avec cet arme si française! Nous-mêmes, officiers, ne craignions pas de prendre part à ces joutes, de mettre la main à... l'arme, et de montrer à nos jeunes recrues tout ce qu'elles pouvaient tirer de cette escrime de combat.

Ce terme, « escrime », ne rendait peut-être pas le but essentiel de cette instruction, et peut-être s'attachait-on trop à la parade d'armes et au simple jeu des muscles. Mais ainsi se gardait et se continuait la tradition de l'attaque à la baïonnette qui avait toujours donné la victoire à nos troupes et avait fait leur réputation légendaire.

Dans ces dernières années, une sorte de réaction insensible s'était faite contre l'escrime à la baïonnette. Elle tenait à plusieurs causes. Tout d'abord le perfectionnement de l'arme à feu, la précision et la portée du tir, en éloignant dès le début les combattants les uns des autres, avaient amené les théoriciens à croire de plus en plus à la prépon-

dérance absolue du feu. Les doctrines de combat reconnaissaient bien toujours la nécessité du mouvement en avant, jusqu'à l'assaut final. Mais cet assaut final était considéré comme un acte dépendant essentiellement de la préparation par le feu. L'adversaire, immobilisé d'abord, puis démoralisé et à demi exterminé, abandonnait la position devenue intenable et n'attendait pas le choc de l'assaillant, qui n'avait alors qu'à s'avancer, la baïonnette levée et inutile, pour prendre possession du terrain conquis par les balles et les obus. On ne croyait plus au corps à corps et aux coups de baïonnette. Et je n'avance rien d'extraordinaire. Je l'ai entendu répéter autour de moi par bien des officiers, et ces hérésies ont été écrites. Le règlement ne les a pas consacrées, mais il en a tenu malheureusement compte en réduisant de plus en plus la part faite à l'instruction de la baïonnette. Il y avait une contradiction déplorable entre la doctrine de l'assaut, les belles pages qui décrivaient cette phase suprême de l'offensive et les quelques alinéas encore concédés à la baïonnette.

De plus, la réduction du service de trois ans à deux ans, devant naturellement contribuer à limiter le temps de l'instruction, il fallait aller au plus pressé, à l'enseignement du tir, à la manœuvre tactique, à l'entraînement rapide du soldat. Toute cette période d'assouplissement du début, de gymnastique du corps, si indispensable, se raccourcissait, officiellement d'abord et dans chaque régiment en particulier, suivant l'état d'esprit du chef de corps et des officiers.

Pour ma part, et pourquoi ne le dirais-je pas aujourd'hui, hélas! après l'épreuve sanglante des premières semaines de la guerre en 1914, je m'aperçus avec tristesse qu'au régiment dont je devenais le chef, l'escrime n'était plus en honneur chez les officiers, et que les commandants de compagnie dédaignaient, pour la plupart, de faire jouer de la baïonnette à leurs soldats. Une erreur en entraîne une autre. Quand on n'a plus le goût et le sens de l'épée qu'on porte, on se désintéresse à la longue de tout ce qui s'y rattache. Si on a d'autres soucis vers lesquels nous entraînent naturellement de nouvelles pratiques, l'indifférence se fait vite sur ce qui parut bon jadis, et ainsi se perd la notion des réalités de la guerre.

Fort de mon éducation ancienne et convaincu par les récents exemples que nous pouvions tirer de la guerre russo-japonaise et des dernières guerres balkaniques, que le rôle de la baïonnette n'avait pas changé et qu'elle restait toujours l'arme de l'assaut et l'arme française par excellence, je n'hésitai pas, même en violant le règlement, à remettre en pratique son maniement. Je fus aidé, d'ailleurs, par plusieurs officiers, trop heureux de trouver un chef de corps dans leurs idées, en particulier par Sée qui commandait une compagnie du régiment. D'ailleurs, à ce moment, une campagne était commencée, par la Société d'Encouragement à l'Escrime de Combat, pour la restauration du combat à la baïonnette. Sée était un des plus ardents promoteurs de l'emploi dans l'instruction des fusils armés de baïonnettes à la japonaise, permettant de pratiquer le duel comme avec le fleuret et l'épée mouchetés. Nous eûmes la bonne fortune d'obtenir que l'essai en fût fait au 46ᵉ, et de cet essai sortit l'instruction nouvelle qui réglementait le combat à la baïonnette. C'était malheureusement en 1913. Et il n'a pu être mis en pratique que pour deux classes, et encore pas complètement, car il a fallu compter avec l'inertie et les mauvaises habitudes.

Je ne veux parler que de ce que j'ai vu. Nous avions organisé avec Sée des équipes d'élites que j'avais baptisées entraîneurs d'assauts. *Au bout de quelques semaines, ils luttaient un contre quatre soldats pris au hasard et, peu à peu, les hommes s'excitant eux-mêmes, arrivèrent à s'exercer en dehors des séances normales, et j'eus la satisfaction de voir la baïonnette redevenir l'arme chère à mes fantassins. Et je crois bien que le même retour s'opérait partout, lorsque la guerre survint.*

Je n'en ai vu que les débuts. Nous avons plié d'abord sous le feu de l'ennemi, sous les avalanches d'obus de tous calibres qu'il nous versait copieusement sur la tête. L'infanterie allemande attendait pour nous aborder les effets de son artillerie. Quand nous pûmes, au contraire, l'aborder, ce fut à son tour de plier, mais devant nos baïonnettes. Je crois qu'à Dinant, qu'à Charleroi, qu'à Guise, pendant la retraite de nos armées, les Allemands victorieux sentirent cependant la pointe de nos baïonnettes dans les vigoureux retours-offensifs que nous exécutâmes.

Les lecteurs de cette brochure trouveront quelques lignes sur le combat qui fut livré par le 46e à Fossé, le 30 août. Il fut presque entièrement livré à la baïonnette. Deux bataillons du 46e, deux bataillons du 89e furent lancés, vers 6 heures du soir, un peu avant la chute du jour, sur un régiment allemand qui prenait position. Ils dévalèrent comme une trombe, et la lutte se poursuivit de nuit jusque vers 9 heures. Je crois que la baïonnette française montra ce jour-là qu'elle n'avait pas perdu sa pénétration.

Depuis lors, dans cette guerre inouïe de tranchées qui étonne le monde, c'est à coups de baïonnettes autant que de grenades que nos soldats délogent peu à peu, trop lentement à notre gré, les envahisseurs des tannières où ils terrent. Ils apprennent sans doute à en jouer par la pratique journalière. Mais on ne saurait trop connaître les secrets de Rosalie*, et c'est pourquoi on ne saurait trop encourager et aider ceux qui, venant de l'arrière, veulent donner à nos poilus* *les moyens de lutter au corps à corps avec une supériorité écrasante.*

L'immense bataille finira, sans nul doute, après la tempête des explosifs, par l'assaut général à la baïonnette. Préparons-le pendant les périodes de repos, dans nos lignes de combat comme dans les dépôts de l'intérieur, et n'oublions pas que cette escrime de la baïonnette n'est pas seulement utile pour donner à l'arme toute sa valeur offensive, mais qu'elle développe chez le combattant la certitude de vaincre en le rendant alerte, sûr de sa main et de son coup d'œil, en fortifiant cette qualité si française de joyeuse humeur guerrière, que les Romains appelaient alacritas, *alacrité des nerfs, des muscles, de l'esprit, alacrité du coq qui chante à la fois la joie de la vie et de la bataille et qui plante son ergot dans la poitrine du vaincu comme une baïonnette invincible.*

Général MALLETERRE.

Pour le « Combat à la baïonnette » (1)

Tous les jours des œuvres nouvelles surgissent du sol de la Patrie, labouré et fécondé en même temps par la tourmente actuelle : ce sont les fleurs de la guerre. Les initiatives généreuses se multiplient, des personnes dévouées se groupent et s'ingénient pour soulager les maux qui sont le cortège obligé de la gloire. Les unes s'occupent des orphelins, les autres des veuves; celles-ci des aveugles, celles-là des mutilés, et ce concours de bonnes volontés privées vient collaborer au grand effort que fait l'État pour qu'aucune infirmité ne reste sans appui, aucune misère sans secours.

L'œuvre que nous présentons aujourd'hui au public a une physionomie toute spéciale, un caractère préventif. Il ne s'agit plus de panser les

(1) Article paru dans *l'Écho de Paris* du 10 juillet 1915.

plaies ni de secourir les infortunes des victimes de la guerre, il s'agit d'en diminuer le nombre en augmentant la valeur combative de nos troupes. Tel est notre but; le moyen c'est de leur apprendre à mieux utiliser l'arme traditionnelle de l'infanterie française : la baïonnette.

*
* *

Que de fois n'avons-nous pas entendu soutenir que le rôle de l'arme blanche était terminé et que, dans la guerre moderne, elle ne pouvait plus avoir qu'une action secondaire et effacée. Avec les fusils à longue portée, avec les formidables progrès de l'artillerie, il semblait que les combattants auraient rarement l'occasion de s'aborder de près : l'arme blanche se trouvait ainsi reléguée dans le domaine de l'histoire, presque de la légende, et l'on affirmait volontiers que si l'escrime à la baïonnette pouvait être un sport intéressant, elle n'avait qu'un rapport éloigné avec la défense nationale.

Les événements sont venus donner un démenti formel à ces pronostics; la guerre de tranchée a singulièrement rapproché les distances et, d'autre part, avec la consommation intensive de munitions qu'exigent les combats d'artillerie, il arrive souvent qu'à ces duels lointains succèdent d'émouvantes luttes d'homme à homme, de véritables corps à corps d'infanterie où l'arme blanche reprend heureusement ses droits.

Qu'on nous pardonne de dire « heureusement » alors qu'il s'agit de ces mêlées terribles où est fauchée la fleur de notre jeunesse ; mais au moins ceux-là meurent d'une belle mort, dans de nobles combats, et cela nous repose de ces exécutions en masse pratiquées froidement et sans risque par des adversaires invisibles, de ces lâches assassinats où nos ennemis excellent, de ces nouveaux et abominables procédés de guerre où — dérision lamentable — ils se servent de la Science pour faire rétrograder l'Humanité !

Dans le combat à la baïonnette chacun des adversaires peut mettre en relief sa force, son adresse, sa bravoure. Avec l'arme blanche nous retrouvons la poésie et l'héroïsme des luttes épiques et chevaleresques où l'horreur de la mort disparaissait dans l'auréole de la victoire.

Il en est ainsi dans les duels journaliers à la baïonnette auxquels se livrent nos défenseurs et où ils ont presque toujours l'avantage.

Nos hommes savent donc se servir de l'arme blanche?

Oui et non,

Oui, ils s'en servent mieux que leurs lourds adversaires ; mais ils s'en serviraient mieux encore s'ils avaient été méthodiquement préparés et entraînés.

Le soldat français possède en général, de naissance, les qualités qui permettent de devenir rapidement un bon escrimeur : le coup d'œil, la rapidité, l'agilité... Je ne parle pas du courage. Mais tout cela ne suffit pas si l'on ignore l'escrime, c'est-à-dire la science qui permet de donner à chaque arme une valeur d'utilisation très supérieure à sa valeur intrinsèque. Cette règle s'applique à la baïonnette qui n'est pas un talisman, mais un instrument d'attaque et de défense, qui peut être inoffensif ou devenir redoutable suivant la main qui le dirige.

Or, dans toute escrime il y a une partie qui est relativement facile, c'est l'attaque : on peut imaginer qu'un homme inexpérimenté, mais adroit et robuste, puisse atteindre avec sa pointe la poitrine de l'adversaire et lui porter un coup mortel. Mais comment protège-t-il sa propre poitrine s'il ignore l'art si difficile de la parade? Comment pourra-t-il, sans enseignement préalable, pratiquer l'opposition, l'esquive, la contre-riposte, et éviter ainsi le coup fourré qui se produit si fréquemment dans ce genre de rencontre?

Il faut reconnaître que pendant longtemps la méthode d'escrime à la baïonnette a été très rudimentaire. Elle se composait surtout de mouvements d'ensemble exécutés sans avoir un adversaire devant soi. Or, il n'y a qu'une école pratique du combat, c'est l'assaut, c'est la lutte entre deux hommes armés, et l'assaut à la baïonnette exige un matériel dont l'invention est assez récente.

Ce sont des baïonnettes mouchetées et rentrantes qui permettent à des hommes munis de gants solides et de masques à double treillis de se livrer à un véritable combat où les coups sont successivement portés et parés, où chacun des adversaires cherche à tromper et à dominer l'autre, et qui se termine par la victoire d'un des deux combattants.

Les apôtres de l'escrime à la baïonnette, parmi lesquels nous devons citer en première ligne le colonel Mordacq et le commandant Sée, ont fini par obtenir que l'enseignement fût donné dans les conditions ci-dessus, et les deux dernières classes appelées avant la guerre ont été ainsi exercées.

Est-il trop tard pour donner aux autres le complément d'instruction qui doublerait entre leurs mains la puissance de leur arme et augmenterait la confiance qu'ils ont en elle?

Nous ne le pensons pas ; nous estimons qu'avec un matériel approprié et des instructeurs bien choisis, on arriverait assez rapidement à ajouter à l'énergie combative de nos fantassins un coefficient d'autant plus important qu'il serait à la fois d'ordre physique et d'ordre moral.

On pourrait profiter du moment où les troupes sont ramenées dans les lignes de repos pour leur offrir, sans le leur imposer, ce nouveau sport qui, n'étant pas obligatoire, serait considéré comme un délassement et non comme une corvée et pour lequel se passionneraient bien vite des hommes qui, entre le combat d'hier et celui de demain, seraient heureux d'avoir l'occasion d'augmenter, pour ainsi dire en se jouant, leurs moyens de défense individuelle : *Ludus pro patria!*

Jamais ce mot, dont on a un peu usé n'aurait été mieux à sa place.

*
* *

Voilà le but que poursuit le comité du « Combat à la baïonnette ».

M. le Ministre de la guerre et le Grand État-Major général ont bien voulu lui donner leur haute approbation. Nous avons été dès le début encouragés et subventionnés par le Conseil municipal de Paris et le Conseil général de la Seine.

Nous voudrions, maintenant, que notre initiative fût agréée par le public, qu'elle fût consacrée par la faveur populaire ; c'est dans ce but que nous avons ouvert une souscription où les offrandes les plus modestes auront leur valeur morale et seront accueillies avec reconnaissance.

Nous remercions d'avance tous nos souscripteurs. Au reste, chacun d'eux sera payé de sa générosité, quand il lira le compte rendu de quelque violent combat à la baïonnette, par la pensée qu'en nous aidant à instruire nos soldats il a pu contribuer à sauver la vie à l'un d'eux et que peut-être, grâce à son offrande, il y a un Français de plus et un Allemand de moins.

HÉBRARD DE VILLENEUVE,

Président de la Société d'Encouragement
à l'escrime française.

« Feu de Tambour » et Combat à la baïonnette (1)

J'ai raconté, en leur temps, nos combats de Perthes. Notre action en Champagne orientale avait été interrompue depuis décembre. Reprise le 16 février, elle se développa jusqu'aux premiers jours de mars avec des avantages marqués.

Ce sont ces combats que les Allemands appellent la « bataille d'hiver en Champagne ». L'un des fils de l'Empereur, le prince Oscar de Prusse, attaché à l'état-major de la IIIe armée, en a publié un récit dont les journaux reproduisent des extraits. On ne lira pas sans intérêt les lignes suivantes :

« Il faut dire que les Français nous ont attaqués avec beaucoup de crânerie, s'élançant sur les monceaux de cadavres de leurs camarades. Mais ce ne sont pas les attaques de l'infanterie

(1) Article paru dans le *Figaro* du 5 août 1915.

qui rendirent le combat si dur pour nous ; ce n'est pas le corps à corps dans les tranchées, où l'Allemand, plus fort, l'emportait toujours sur le Français. Non! mais la formidable artillerie que les Français avaient mise en batterie et *la quantité infinie de munitions* dont ils disposaient ont fait du séjour dans nos tranchées un véritable enfer et de l'action de nos troupes des actes d'héroïsme impérissables.

« Les Français tirèrent sur un espace de terrain relativement très petit 100,000 obus en un seul jour ! *Nous avons trouvé un ordre français, calculant 18 obus pour un mètre de tranchées, non pas pour toute la journée, mais peut-être pour une ou deux heures*. La vitesse du tir rappelait donc celle d'une mitrailleuse, avec cette différence que ce n'étaient pas des projectiles d'infanterie, mais des obus de tous calibres « Feu de tambour », c'est ainsi que l'on appelait ce genre de feu d'artillerie, et son effet était terrible ; les obstacles en fil de fer étaient complètement détruits, comme balayés, les tranchées changées en cuvettes plates, les abris transpercés. Aucun moyen de défense ne pouvait résister, même un moment, à ce feu. »

Nous avons eu, tout comme les Allemands, notre crise de munitions après les batailles de la Marne. Nous l'aurions eue — les prophètes eux-mêmes étant restés au-dessous de la vérité — alors qu'auraient été entendues la voix du général Langlois et d'autres voix encore. Il n'en aurait pas moins fallu réclamer des usines de guerre un immense effort. Les usines se mirent à l'œuvre. Nous ne semblons pas avoir manqué d'artillerie, d'obus, de munitions « de tous les calibres » à la bataille d'hiver de Champagne (février-mars). Mais j'ai écrit, de propos très délibéré, en parfaite connaissance de cause, à cette place, que nous n'aurions assez de munitions et assez de canons que le jour où nous en aurions trop.

***

Le fils du Kaiser affirme, par contre, la supériorité des Allemands dans le corps à corps, ce qui ne paraît pas être l'avis du major Morath, professionnel plus averti, bon observateur, avec la coquetterie de l'impartialité. « Conclusion, écrit-il, à tirer de nos combats dans l'Ouest : il s'agit d'apprendre le combat à l'arme blanche. Les outils techniques, les instruments de guerre compliqués ne doivent pas nous faire négliger l'éducation des muscles, l'escrime, d'où dépend tout au moment critique. »

Ici encore, il faut dire que notre supériorité ne sera jamais assez grande C'est la pensée qui a présidé à la formation de notre comité du *Combat à la baïonnette* (1).

(1) M. Hébrard de Villeneuve, président ; M. André Gaucher, secrétaire général.

L'infanterie sait aujourd'hui qu'elle ne peut agir avec efficacité et sans des pertes excessives, disproportionnées, qu'après de longs bombardements, intenses, furieux, foudroyants, après que d'énormes rafales d'acier auront affolé, abruti l'ennemi, et que des tonnes et des tonnes de métal auront ravagé ses tranchées, fait un horrible mélange de membres épars, de sacs à terre éventrés, de mitrailleuses rompues, de terres bouleversées. Il n'en suit pas toutefois que l'infanterie doive s'accrocher à l'artillerie, lui dire : « Papa, maman », selon la pittoresque expression d'un commentateur du prince Kraft de Hohenlohe-Ingelfingen, abdiquer la fierté et la sensation de demeurer « la reine des batailles ». La nôtre vient de l'être dans cent batailles héroïques. Elle le sera dans les futurs combats. Elle le sera jusqu'à la dernière minute de la dernière guerre. L'artillerie prépare la victoire; c'est l'infanterie qui la remporte. Vérité d'hier, d'aujourd'hui, de demain, de tous les temps.

Et l'infanterie, c'est, à l'heure décisive, l'arme blanche, la baïonnette, notre arme nationale, « Rosalie », selon les poilus.

La tranchée a été criblée de mitraille, saccagée, éventrée, remplie de blessés et de morts. Il faut la prendre. L'infanterie, déclanchée par le combat d'artillerie, s'élance hors de ses abris, court en avant. Voici le moment d'où dépend le sort de la journée. Fusillades. Progrès. Puis, mille duels entre les assaillants et les ennemis les plus rapprochés, aux abords de la tranchée, des fils de fer barbelés, dans la tranchée. Corps à corps, comme dans l'*Iliade*. La baïonnette, c'est la lance au bout du fusil.

Le maniement de la lance était, chez les anciens, l'objet principal de l'instruction militaire. C'est l'arme des dieux et celle d'Achille. Le combat à la baïonnette ne nécessite pas un moindre apprentissage. L'épée à la main, ou le sabre, on peut rompre, il faut savoir rompre, comme une armée sait battre en retraite. Rompre est impossible, ou à peu près, dans le combat à la baïonnette. Rompre, c'est attirer sur soi les coups des ennemis qui surgissent aux côtés de l'adversaire devant lequel on recule. Il faut frapper, frapper vite, très vite, tuer vite. Tuer ou être tué.

Les Japonais, ces Grecs de l'Extrême-Orient, n'ont pas proprement inventé, mais ils ont porté à une haute perfection l'escrime de l'assaut à la baïonnette. Ils lui doivent, pour une part, leurs victoires de Mandchourie. Les Russes l'ont apprise d'eux. Nous l'avons apprise à notre tour. Nos fantassins n'y sauraient trop s'exercer. Exercice excellent aux lignes de repos, aussi distrayant que le golf ou le tennis, aussi passionnant, d'une autre utilité, qui multiplie rapidement la valeur combative de l'homme. *Ludus pro vita. Ludus pro victoria.*

***

Notre artillerie est abondamment pourvue. Fabriquons à force des obus, encore des obus, de gros obus, des obus et des canons de tous les calibres. — La valeur individuelle du fantassin français est supérieure à celle du fantassin allemand. Elle peut, elle doit s'affirmer encore davantage. — Notre confiance est irréductible. Accroissons-la encore, en la justifiant, de plus en plus, à elle-même.

POLYBE.

L'École du combat rapproché (1)

Depuis que la guerre existe, tout l'effort de l'humanité tend à éloigner le combat. Disons le mot : *à tuer de loin*. La puissance de ses engins de guerre n'a cessé de grandir. Leur rayon meurtrier n'a cessé de s'étendre. Cependant, au centre des formidables moyens de destruction qu'il a créés, l'homme civilisé, l'homme moderne garde, au fond de son cœur, l'antique et insurmontable horreur du *combat rapproché*, du geste primitif de la mort. Tel artilleur qui, tout en fumant sa cigarette, termine un calcul rapide et envoie froidement, à sept kilomètres de distance, l'obus qui supprimera cinquante, soixante, cent existences humaines, serait peut-être un fantassin écœuré s'il avait à essuyer, un soir de charge, une baïonnette rose.

(1) Article paru dans le *Gaulois* du 4 août 1915.

Combattre de loin, tuer de loin, on ne l'a jamais mieux fait qu'aujourd'hui. Mais a-t-on supprimé le combat rapproché? A-t-on empêché les rencontres d'hommes à hommes? Jamais elles n'ont été plus terribles, plus sanglantes. On ne s'empare pas d'une tranchée, on ne fait pas un pas en avant sans qu'aient brillé les baïonnettes. Que dis-je? Le fusil-baïonnette, fils de la pique, petits-fils de la lance, c'est encore, dans quelque mesure, du combat éloigné. Et voici comment, à l'heure présente, on raccourcit les distances. Avec les grenades, très souvent, on prend des couteaux. Attendez : la mêlée est si dense, le corps à corps si étroit, qu'on jette aussi les couteaux. C'est avec les mains, les pieds, les dents qu'on lutte, qu'on brise, qu'on déchire.

Telle est l'horreur de cette guerre, qui contient les horreurs de toutes les guerres. Telle est aussi sa grandeur, qui éprouve tous les courages. Car, si l'effrayant génie destructeur de l'humanité s'est élevé, son âme aussi s'est exaltée dans une mesure semblable. C'est la sombre beauté de ces batailles grandioses où l'on voit marcher de pair la Science et l'Héroïsme. Donnons à ce dernier mot son sens grec. « La puissance de notre artillerie, la force de nos explosifs ne sont que les moyens de déclancher — c'est le terme militaire — la course rapide du héros, le bond victorieux d'Achille. » Le double aspect scientifique et héroïque de cette guerre, voilà ce qu'il faut comprendre. M. Charles Humbert qui, avec M. Henry Bérenger, a pris l'ini tiative de la campagne pour les canons et les munitions, a très bien vu le premier aspect et n'a pas oublié le second. « En dernière analyse, c'est aux *énergies physiques* qu'il faudra faire appel », écrivait-il, récemment, dans le *Journal*. On fabrique des canons, on entasse les munitions, on mobilise des ingénieurs, des chimistes, des ouvriers. Mais, derrière cette armée de la Science, ne voyez-vous pas surgir le Héros ? Ce lanceur de grenades renouvelle l'un des plus beaux gestes olympiques. Ce fantassin qui charge court comme le soldat de Marathon. Et quand il croise sa baïonnette, on songe aux guerriers de l'Iliade inclinant leur lance.

Voilà la réalité. Elle nous apparaît aujourd'hui. Etrange et double erreur, que celle qui consista à nier la possibilité du combat rapproché en raison de ce combat à grande distance dont on n'avait pas déviné cependant la formidable intensité ! Il faut rectifier nos jugements sur tous les points. Il faut créer, il faut produire. Il faut sans cesse se préparer, travailler. Et ces formules ne s'appliquent pas seulement au matériel, aux canons et aux munitions. Elles s'appliquent au physique et au moral du soldat. Non qu'il s'agisse d'augmenter leurs travaux, leurs fatigues, mais de leur donner les meilleures méthodes d'entraînement, de préparation au combat.

Là encore, il faut inventer, innover, remédier. Cette préparation centrale, capitale du combat à l'arme blanche a été négligée, reconnaissons-le, en vertu de théories préconçues dont on constate aujourd'hui la vanité. N'essaierons-nous pas de réparer ces erreurs, de combler ces lacunes? Ne suivrons-nous pas, dans toute sa variété, la sinuosité mouvante des formes de la bataille, pour nous y adapter, en tirer le meilleur parti?

Ecoutez ce cri d'alarme : « Il faut avouer que les Français emploient tous les moyens imaginables pour nous surprendre ou nous induire en erreur, et ainsi nous écraser dans un *immense corps à corps.* » Qui dit cela? Le major Morath, dans le *Berliner Tageblatt* du 4 juillet. On voit poindre ici l'inquiétude allemande. Après la bataille de la Marne, c'est-à-dire la foudroyante défaite par la manœuvre, l'ennemi fait la guerre de position. Il s'incruste dans notre sol. Et voici qu'apparaît l'autre danger. Dans ces innombrables poussées en avant, ces coups droits de nos troupes qui se multiplient à l'infini depuis dix mois sur toute l'étendue du front, de la simple escarmouche jusqu'à la véritable bataille, l'Allemand voit s'affirmer et grandir la *supériorité individuelle du soldat français.*

Autre cri d'inquiétude, autre aveu de faiblesse. Et, peut-être aussi, projet d'organisation et d'entraînement. C'est toujours le critique militaire du journal berlinois qui écrit : « Une conclusion à tirer de nos combats à l'Ouest : *il s'agit d'apprendre le combat à l'arme blanche...* Jusqu'ici, en tout cas, il est établi que les outils de combat techniques, les instruments de guerre compliqués ne doivent pas nous faire négliger l'éducation des muscles, l'escrime, l'éducation morale : *d'eux, en définitive, dépend tout au moment critique.* »

L'éducation des muscles, l'escrime, l'éducation morale, savante gradation qui prouve que cet Allemand a profondément réfléchi sur les expériences de la guerre actuelle et qu'il a parfaitement compris le rôle, la valeur de l'escrime, non seulement au point de vue physique, mais au point de vue moral, éducatif de la préparation au combat. Et dire que nous, les Français de l'épée et de la baïonnette, nous avons imité *leur* erreur ; dire que nous avons oublié nos traditions, exilé l'escrime de l'armée, l'escrime que seuls nos officiers recommençaient à apprendre depuis quelques années ; négligé, enfin, d'entretenir, par tous les moyens dont on dispose en temps de paix, cette supériorité à la baïonnette promise à nos admirables aptitudes nationales !

C'est sous l'impulsion vigoureuse de ces idées que la guerre a fait revivre que s'est formé le comité du « Combat à la baïonnette ».

Quoi de plus modeste que le but qu'il poursuit? Mettre à la disposition de nos soldats, dans les lignes de repos, le matériel d'assaut qui leur permettra de s'entraîner à la baïonnette. Au début, même, pour ne pas contrarier l'esprit du public français qui aime les choses très simples, très claires et d'une application amusante et facile, nous avions soin de présenter notre œuvre comme la diffusion d'un jeu, le jeu de la baïonnette, qui venaient s'ajouter à tant d'autres auxquels se distraient nos soldats : les barres, le football, les quilles. Mais après les lignes que l'on vient de lire, qui ne voit qu'au fond, notre ambition est plus grande et qu'il s'agit d'organiser, par des moyens très simples, il est vrai, sur toute l'étendue du front, l'étude du combat à l'arme blanche, dont la guerre actuelle fait ressortir la valeur essentielle, éternelle, de grand moyen, de principal et presque unique moyen d'éducation du combat?

L'assaut à la baïonnette n'est rien s'il ne s'agit que d'apprendre à donner ou à parer un coup de baïonnette; c'est une chose très importante s'il s'agit de donner à nos soldats l'état d'esprit et les qualités physiques (réflexes prompts et justes) du véritable combattant. Tel est l'avantage immense de l'étude de l'arme blanche. Tel est le but que poursuit notre œuvre de guerre.

Je n'ajouterai qu'un mot. L'armée japonaise

est sans doute, à l'heure présente, la première du monde pour la valeur individuelle du soldat. Or, c'est à elle, précisément, que nous devons l'invention de ce fusil d'étude que nous voudrions voir aujourd'hui entre les mains de nos poilus.

André Gaucher,

Fondateur du « Combat à la Baïonnette ».

A la Baïonnette ! (1)

Notre distingué confrère, M. André Gaucher, qui est aussi un escrimeur de premier ordre, m'a fait l'honneur de m'adresser jeudi dernier, au sujet du combat à la baïonnette, une lettre que tous nos lecteurs ont lue et qui leur aura certainement paru aussi judicieuse qu'à moi-même.

Dans cette lettre, M. André Gaucher rappelle que la baïonnette a été longtemps l'arme nationale des Français. Son nom même provient d'une de nos plus belles villes de France, où l'on fabriqua d'abord cette arme blanche. Pendant la Révolution et sous l'Empire, volontaires de la République et grognards de Napoléon multiplièrent les exploits à la baïonnette et établirent sur cent champs de bataille notre incontestable supériorité dans les charges de ce genre. Il suffit de

(1) Article paru dans le *Paris-Midi* du 10 mai 1915.

relire les lettres publiées l'an dernier par le regretté lieutenant-colonel Picard, sous le titre : *Au service de la Nation*, pour voir la confiance que cette supériorité donnait à nos ancêtres de 1793 et de 1805.

Mais sommes-nous, depuis ces temps héroïques, restés les maîtres du combat à la baïonnette? Nous sommes certainement restés héroïques : nos « poilus » en témoignent chaque jour depuis dix mois. Peut-être ne sommes-nous pas restés aussi incontestablement les maîtres de la charge, et c'est là ce que M. André Gaucher voudrait nous voir redevenir par les moyens qu'il propose.

M. André Gaucher fait fort justement remarquer que nous n'en sommes plus à la période *romantique* des guerres d'autrefois. La baïonnette, comme l'escrime elle-même, est devenue *scientifique*. Il faut donc en apprendre la science avant d'en pratiquer l'art. On n'est plus aujourd'hui un bon combattant à la baïonnette simplement parce qu'on a du courage dans l'âme et une baïonnette au bout de son fusil. L'entraînement rationnel, là comme ailleurs, assure à celui qui le possède une maîtrise certaine. Or, avons-nous fait tout ce qu'il fallait pour conserver cette maîtrise?

Il est permis d'en douter. Je me souviens du temps lointain où, simple soldat de deuxième classe, je décomposais dans la cour de la caserne d'Évreux les mouvements de ce que le règlement militaire appelait « l'escrime à la baïonnette ». Singulière escrime où l'adversaire n'existait pas, où tous nos mouvements étaient imaginaires, où nos « coups lancés » ne visaient que l'air, où les « parez » et les « pointez » ne s'adressaient qu'au vide. Tous ces exercices étaient bien monotones et fictifs, comme nous le rappelait vendredi M. le Ministre de la Guerre, ancien fantassin, lui-même, dans l'audience qu'il avait bien voulu réserver au Comité du Combat à la Baïonnette groupé par M. André Gaucher.

Ne pouvait-on substituer à cette parade sans couleur une véritable escrime avec corps à corps et duel d'homme à homme, comme à la guerre elle-même? C'est ce qu'ont fait depuis longtemps les Allemands et surtout les Japonais, inventeurs de cette « baïonnette rentrante » qui permet le simulacre du combat individuel. C'est ce que nous avions nous-mêmes commencé de faire depuis 1913, puisque le matériel d'assaut nécessaire à cette escrime (masques, gants, baïonnettes rentrantes) est devenu réglementaire à cette date.

Oui...; mais dix-huit classes sur les vingt qui sont en guerre ignorent ce mode d'instruction qui permet d'éduquer vite et bien les combattants à la baïonnette. Et ces dix-huit classes, ce sont précisément celles qui se battent sur le front! Pourquoi, dès lors, ne pas procurer aux soldats de ces classes, aux quinze cent mille fantassins de la ligne de feu, la possibilité de se fortifier par la pratique d'un sport aussi passionnant, certes, et plus utile, assurément, que le football, les barres ou les quilles pratiqués dans nos lignes de repos?

L'idée est non seulement ingénieuse, elle est opportune. Avec le printemps qui s'affirme et les beaux jours qui s'allongent, elle apparaît réalisable dans toute la zone des armées. M. André Gaucher et ses amis offrent le matériel et les moniteurs. C'est donc un adjuvant au combat qui ne coûtera rien à la France, mais peut lui rapporter beaucoup en gain d'action collective et d'énergies individuelles. Après l'excellent accueil que M. Millerand a su réserver au Comité du Combat à la Baïonnette, souhaitons que le Grand Quartier Général veuille bien à son tour en consacrer l'initiative, à la fois généreuse et efficace, sur tout le front de nos armées combattantes.

HENRY BÉRENGER,
Sénateur.

Pour Rosalie (1)

L'on ne dira jamais assez la splendeur de la résistance russe qui supplée par l'héroïsme au manque de matériel. Sous l'ouragan des tonnes d'obus déversées sur ses positions, le soldat russe n'est jamais découragé par le silence relatif de ses canons et de sa mousqueterie. Il ne consent d'autres reculs que ceux ordonnés par ses chefs. Et quand les Allemands, sous le couvert de leurs barrages d'artillerie, en viennent au contact avec les troupes du tsar, la baïonnette russe sait remplacer efficacement les mitrailleuses et les fusils.

C'est que nos alliés sont excellents manieurs de baïonnette. Ils ont, en effet, emprunté la méthode japonaise qui consiste à préparer l'entraînement des troupes au combat individuel de la baïonnette, comme les hommes d'épée s'entraî-

(1) Article paru dans la *Liberté* du 14 août 1915.

nent dans leurs salles, au moyen d'un matériel approprié : fusil d'assaut avec baïonnette à tige rentrante, gants et masques. Dans l'armée russe, comme dans l'armée japonaise, fantassins et cavaliers s'exercent de la sorte autant qu'au tir et à la marche. Les règlements militaires ont pour but d'en faire de véritables escrimeurs à la baïonnette chez qui la science s'ajoute à l'instinct.

Ne serait-il pas de toute importance que nos soldats fussent ainsi instruits, qui aiment tant leur Rosalie, cette arme nationale depuis le temps des fusiliers de Louis XIV et des grenadiers de l'épopée jusqu'à nos poilus ? Or, sauf en ces derniers temps, l'escrime à la baïonnette dans nos régiments fut plus que rudimentaire. Jamais elle n'a revêtu le caractère du combat raisonné d'homme contre homme. On apprend au soldat à lancer dans le vide la pointe de pied ferme et au train de la charge, mais ils ignorent tout du duel pratique : l'opposition, l'esquive, la contre-riposte, l'art d'éviter les coups doubles si fréquents, les trucs du corps à corps, le tour de main pour retirer l'arme blanche qui se complaît dans son lit de pourpre... Il ne suffit pas de mettre Rosalie au bout du fusil et le fusil au bout du bras : c'est une personne qui a des mérites cachés et précieux que tous ne savent pas faire briller au soleil de la bataille. Ceux qui la connaissent bien ont de bien plus grandes chances de donner le coup décisif et de n'en pas recevoir. C'est donc une jolie connaissance.

Des chefs passionnés pour leur mission d'éducateurs, le colonel Mordacq, le commandant Sée, pour ne citer que les plus connus, ont réussi par une propagande ardente à émouvoir sur ce sujet les autorités militaires. Les deux dernières classes furent instruites avec le matériel d'assaut. Mais les dix-huit qui, pour séduire Rosalie, n'ont que leur cœur de braves? Lacune regrettable! Car les batailles de cette guerre de tranchées, à l'instar de celles de Mandchourie, ont pour épilogue nécessaire l'abordage à l'arme blanche. On se bat d'abord à des kilomètres, puis à cinquante centimètres de distance. Dans les tranchées étroites, cent mille duels s'engagent où l'étreinte est si pressée qu'on a parfois la baïonnette au poing comme la dague du temps des Valois. Que de Bussys parmi nos poilus! Mais avec le même courage il leur faudrait la science. « La balle est folle, la baïonnette est sage! » a dit Souvaroff. Rendons sage, c'est-à-dire savante, la baïonnette française déjà si redoutée des Allemands, qui, eux, — voir les articles du major Morhart dans le *Berliner Tageblatt* — préconisent aussi la méthode japonaise dont ils comprennent toute la portée, mais que nos Français exécuteront toujours mieux qu'eux, — à condition qu'on la leur montre.

Un comité s'est fondé pour remplir chez nous

d'urgence cette belle tâche de défense nationale. Présidé par M. Hébrard de Villeneuve, avec des hommes d'action comme collaborateurs, ce comité se propose de réunir le matériel et les instructeurs nécessaires pour que nos armées apprennent au plus tôt toutes les ressources de Rosalie. Lui accorder un concours généreux c'est donc collaborer à rendre plus proche la victoire finale.

Georges Berthoulat.

Le « Combat à la baïonnette » dans les « lignes de repos » (1)

Le caractère scientifique de cette guerre ne saurait nous faire oublier son caractère héroïque. Ce n'est pas seulement le terrible génie de l'humanité, c'est aussi son âme qui grandit et qui s'élève. Au centre des prodigieux moyens de destruction dont il dispose, le courage de l'homme s'est exalté, justifiant le vers stoïcien et montrant la volonté humaine supérieure à toutes les forces du monde. Seule, sous l'ouragan meurtrier, sous le vent mortel de la bataille, notre nature physique semble d'abord amoindrie. Mais laissez passer la foudroyante rafale, attendez l'accalmie de la tempête d'acier et, de nouveau, l'homme est debout. Regardez-le. Il s'élance. Car cette victoire que la formidable voix du canon appelle pendant des heures, pendant des jours, il sait qu'il la devra saisir de *ses mains*, sur le corps sanglant et meurtri de l'ennemi, dans cet instant bref et décisif où la guerre moderne rejoint l'épopée et où la baïonnette de nos fantassins

(1) Article paru dans *la Revue* du 1er août 1915.

s'incline comme la lance des héros de *l'Iliade* et reflète le même éclair.

Qu'on nous pardonne ces formes imagées; mais elles peignent, avec exactitude, la réalité. En effet, la puissance de notre artillerie, la force de nos explosifs, ne sont que des moyens qui permettent de « déclancher » — c'est le terme militaire — la course rapide du héros, le bond victorieux d'Achille. Que ce soit au pied des Balkans, dans les plaines de Mandchourie ou sur les bords de la Marne, l'expérience de la guerre a mis en évidence le rôle décisif de l'arme blanche. Le canon, la mitrailleuse, le fusil préparent la victoire. Mais c'est la baïonnette qui la décide. A l'heure actuelle on ne conquiert pas un pouce de terrain, on ne prend pas une tranchée, sans qu'on ait fait appel à cette *ultima ratio* de l'infanterie demeurée la reine des batailles.

N'y a-t-il pas là de quoi réjouir des Français? Nous considérons avec raison la baïonnette comme une arme nationale. Notre instinct nous le dit qui n'est que le sentiment plus ou moins clair de nos merveilleuses aptitudes offensives. Et si ce n'était notre instinct, n'y aurait-il pas l'histoire, en particulier l'histoire des guerres de la Révolution et de l'Empire, qui montre l'éclatante supériorité de nos troupes dans l'emploi de l'arme blanche, l'arme redoutable entre toutes, l'arme des braves?

Qui donc aurait cru que les Français auraient à compléter, en temps de guerre, leur entraînement à l'arme blanche? Et c'est pourtant ce qu'ont pensé, après un examen approfondi et minutieux, un certain nombre de spécialistes. Ces praticiens, qui ne sont pas des esprits chagrins, mais simplement des esprits critiques et, dans une certaine mesure, scientifiques — car l'escrime commence par être une science avant de devenir un art — n'ont pas cru que les Français eussent, en quelque sorte, par droit de naissance, la science infuse du combat à la baïonnette; ils n'ont pas ajouté foi davantage à la superbe mais naïve croyance populaire qui veut que le soldat français devienne invulnérable dès qu'il met baïonnette au canon; les raisons de l'indiscutable supériorité de nos pères dans l'usage de cette arme, ils les ont trouvées dans les vieilles traditions militaires qui cultivaient avec à propos nos aptitudes nationales, et surtout dans l'expérience continuelle de la guerre, dans l'entraînement, pour ainsi dire permanent, du combat; enfin, comme des renseignements puisés à bonne source établissaient que sur ce point, comme sur beaucoup d'autres, nous avions payé cher, hélas! au début de la guerre, le *romantisme* de nos conceptions, ils se sont mis sérieusement à l'étude de la *réalité*. La réalité! Quel beau mot, et aussi quelle belle chose, qui domine, qui commande toutes les pensées, toutes les actions des hommes d'aujourd'hui! Ai-je besoin de dire que la guerre est un formidable agent de réalisme? Que d'illusions, que de fumées a déjà dissipées le souffle brutal du canon! Quelle maîtresse de vérités, quelle correctrice d'erreurs, que la bataille! Comme elle remet à leur vraie place nos idées préconçues, nos préférences personnelles, ce que j'appellerai les débordements de notre moi — fût-ce de notre *moi national* — jusqu'à ce que nous nous soumettions à la nature des choses dont la loi inflexible et nécessaire ne varie pas.

Examinons donc, au point de vue qui nous intéresse, la réalité, cette magnifique réalité du combat à l'arme blanche et posons-nous cette question : Qu'est-ce, réellement, qu'une charge à la baïonnette?

Voici la définition, ou plutôt la description en quelque sorte prophétique, que nous en donne l'auteur d'un intéressant manuel technique, le capitaine Gaston du 10e chasseurs à pied :

« Les troupes échelonnées en profondeur, dans « les formations les plus souples et les moins « vulnérables, se portent en avant, baïonnette au « canon; les officiers, les sous-officiers précédant « leurs hommes ou confondus avec eux, les « entraînent, au cri de : « En avant! »

« A ce moment, les tirailleurs les plus rap- « prochés de la ligne adverse *surgissent du sol.* « Enlevé par une poussée irrésistible venue de

« l'arrière, l'assaillant exécute un dernier bond « vers cet adversaire abrité qui lui adresse des « insultes et tire sans se découvrir.

« Au milieu de la fusillade, deux lignes de « tirailleurs vont s'aborder et ne sont plus qu'à « quelques pas l'une de l'autre. »

Ici, je suspens, à dessein, la citation. Que va-t-il se produire? La ligne assaillante, la ligne offensive, celle qu'anime cette « furie » si bien qualifiée de française, va-t-elle balayer la ligne adverse par le seul fait de l'impression formidable que produit une ruée en masse à l'arme blanche? C'est le cas idéal où l'élan initial, que n'ont pu ralentir ni le feu de l'ennemi, ni les obstacles du terrain, décide d'un seul coup la victoire. C'est celui qui plaît le plus à notre sensibilité, à notre imagination, à nos nerfs. Ai-je besoin de dire que c'est aussi le cas exceptionnel et qu'il faut se placer pour voir juste dans l'hypothèse d'une résistance de l'ennemi. C'est d'ailleurs cette hypothèse qu'a envisagée le technicien militaire dont je reprends la citation:

« Un choc se produit entre les divers éléments « des compagnies de première ligne, *en même « temps qu'un léger temps d'arrêt entre les deux « hommes que le hasard met en présence.* »

« Un temps d'arrêt », « deux hommes en présence », voici donc l'aboutissant de ces deux actions collectives. Deux masses ont été entraînées et lancées en avant. Elles se sont heurtées.

Mais ceci n'est qu'une préparation. Et voici l'instant décisif : *Deux hommes sont en présence.* Maintenant, suivant l'étendue du front, la victoire va dépendre de dizaines, de centaines ou de milliers de *duels.*

De duels? Eh! oui, de duels d'un caractère tout particulier, dominés par l'impérieuse nécessité de livrer un combat immédiat et, par conséquent, d'une rapidité foudroyante. La durée des duels ordinaires, à l'épée ou au sabre, s'explique par la faculté de rompre et par la certitude de n'avoir qu'un adversaire à combattre. Sur le champ de bataille, rien de semblable. Rompre est souvent presque impossible, et derrière le premier adversaire, à ses côtés, d'autres surgissent. Il faut frapper, et frapper vite, pour garder le pouvoir de frapper encore.

Dans ce duel, à solution nécessairement instantanée, qui ne voit le formidable avantage d'un homme entraîné au combat? C'est celui d'un épéiste habile, mis en présence d'un combattant inexpert, dans un duel dont la durée maxima serait fixée à trois secondes, par exemple, sans faculté de céder du terrain. En face de l'escrimeur, sûr de la promptitude de sa décision et de la supériorité de ses réflexes, l'adversaire ignorant ne serait qu'une victime.

Nous venons d'esquisser la figure générale d'une charge, nous avons analysé et isolé les traits caractéristiques du combat individuel à la baïonnette. Résumons-nous et formulons les principes élémentaires d'une théorie. La charge, pourrait-on dire, comporte deux temps :

1° L'élan collectif initial ;

2° Les combats individuels, véritables duels qui en sont l'aboutissant.

Et ce qui est merveilleux pour les esprits qui savent lire dans cette psychologie du combat, énigmatique aux profanes, c'est qu'à chacun de ces *moments* de l'action correspondent d'admirables qualités du soldat français. Seulement, les unes sont spontanées et les autres ont besoin d'être éduquées.

Ce qui est spontané, c'est ce goût, c'est cet instinct de l'offensive en commun, tout à fait spéciaux à notre race. La *furia francese*, vieille comme le sang gaulois, n'est pas un vain mot. C'est un phénomène ethnique d'énergie collective. « Mes hommes, lancés en avant, me disait un des plus glorieux héros de l'Argonne, le général Malterre, partaient comme des fous et revenaient grisés, les baïonnettes rouges jusqu'au quillon, racontant des choses extraordinaires. »

Au contraire, ce qui doit être, je ne dirai pas réfléchi, mais réflexe, c'est-à-dire éduqué, ce n'est pas la course au combat, c'est le combat lui-même. L'éducation pratique et simple des réflexes, voilà tout le secret de la victoire dans ce duel foudroyant, dont nous venons d'examiner les conditions. Entre ces deux adversaires que la fatalité de la bataille a précipités l'un vers l'autre, la victoire, je l'affirme, est au *combattant ;* et je donne à ce mot le sens précis que sous-entendent volontiers certains éducateurs de nos salles d'armes, plus soucieux des résultats du terrain que des jeux de nos académies, celui de l'homme entraîné au combat qui, d'une façon ou d'une autre, a réussi à se créer des réflexes *pratiques*, des *réflexes de combat.*

Comment procéder d'une façon rapide à cette éducation? Est-ce par le maniement d'armes, par les mouvements d'ensemble exécutés dans la cour des casernes, par cette gymnastique militaire si joliment agrémentée de volte-face variées et de pirouettes gracieuses, que des recrues se trouveront préparées à ce choc bref et terrible du duel à la baïonnette? Allons donc! M. le sénateur Henry Bérenger, l'éminent membre de la Commission de l'Armée, dont le talent et l'énergie ont fait triompher en ces derniers mois tant de causes intéressant la Défense Nationale, nous a peint, avec son ironie savoureuse, dans *Paris-Midi*, un fidèle tableau de cette escrime de parade : « Je me souviens, dit-il, du temps « lointain où, simple soldat de 2e classe, je « décomposais dans la cour de la caserne « d'Evreux les mouvements de ce que le règle« ment militaire appelait « l'escrime à la « baïonnette ». Singulière escrime où l'ad-

« versaire n'existait pas, où tous nos mouve-
« ments étaient imaginaires : où nos « coups
« lancés » ne visaient que l'air, où les « parez »
« et les « pointez » ne s'adressaient qu'au vide.
« Tous ces exercices étaient monotones et fictifs,
« comme nous le rappelait, vendredi, M. le Mi-
« nistre de la Guerre, ancien fantassin lui-même,
« dans l'audience qu'il avait bien voulu réserver
« au « Comité du Combat à la Baïonnette. »

Je me permettrai d'ajouter ceci : « Que penserait-on d'un prévôt qui, chargé d'instruire un novice, lui apprendrait, la veille d'une rencontre, à tirer au mur ou à parer dans le vide? » De toute évidence, l'École du combat a besoin d'une autre réalité et cette réalité c'est le combat lui-même. « Le combat individuel, cette lutte « ardente d'homme à homme, » a écrit, dans ses *Propos d'épée*, l'éminent président de la Société d'Encouragement à l'Escrime française, M. Hébrard de Villeneuve, « est le seul exercice « qui puisse, en pleine paix, donner l'illusion « de la mêlée. » Parole lumineuse, qui pourrait servir d'épigraphe à cette étude. Posons en principe que le combat individuel est le plus puissant multiplicateur de l'*énergie combative* de l'homme, le meilleur moyen d'éducation du soldat, celui qui permet de cultiver le plus rapidement ses réflexes personnels, ce que nous appellerons, si vous le voulez bien, d'un terme moins scientifique, ses *aptitudes individuelles de combat.*

Autrefois, cette éducation se faisait pour chaque soldat, sur le champ de bataille. Elle était empirique. Elle était lente.

Aujourd'hui, elle peut être très rapide, parce qu'elle peut être scientifique ou, tout simplement, rationnelle.

Ce procédé rationnel d'éducation, vous le connaissez, il consiste dans l'entraînement au combat individuel par la méthode de l'assaut. Nous ne l'avons pas inventé; il nous vient du Japon. *Il y a dix ans, les Japonais préparaient dans leurs salles d'armes leurs étonnantes victoires de Mandchourie.* Ils étudiaient une escrime pratique à la baïonnette, en se servant d'un fusil d'assaut dans le canon duquel ils glissaient un jonc flexible. Mais le jonc ne leur donnant pas suffisamment l'image de la réalité du combat, ils inventaient bientôt la baïonnette métallique à tige rentrante. Le fusil d'étude était créé.

Il fut adopté d'abord par nos braves alliés russes qui avaient éprouvé la stupéfiante virtuosité de leurs adversaires dans le combat à l'arme blanche. J'ai entre les mains une lettre de M. le colonel d'Osnobichine, attaché militaire de Russie, qui a bien voulu me renseigner sur la façon dont le soldat russe était entraîné au combat à la baïonnette.

« Toutes les mesures sont prises, déclare le « colonel d'Osnobichine, pour inculquer à nos « soldats l'amour de cette arme *que nous em-*

« *ployons aussi bien dans l'infanterie que dans* « *la cavalerie et le génie*, car tous nos régiments « de dragons, hussards et lanciers, ainsi que nos « bataillons de sapeurs sont armés du fusil avec « baïonnette et non de la carabine.

« En outre, nous avons dans les régiments « tout un matériel d'escrime à la baïonnette « comprenant des fusils en bois avec baïonnettes « flexibles, des masques et des plastrons... Tous « les mess d'officiers possèdent un matériel « pareil et beaucoup d'officiers de toutes armes « s'entraînent au combat à la baïonnette. Des « assauts et des tournois se font souvent dans « les garnisons à l'occasion des fêtes régimen- « taires, ainsi que des carrousels, au cours des- « quels les assauts à la baïonnette, aussi bien « que des assauts de sabre contre baïonnette, « occupent une place importante. »

Inventés au Japon, adoptés en Russie, mis en pratique même dans l'armée de certains pays neutres comme la Hollande, le fusil d'étude, le masque et le gant, instruments indispensables des assauts de baïonnette, n'étaient pas ignorés en France. De grands spécialistes de l'arme blanche, comme le colonel Mordacq, le commandant Hardy, le commandant Sée, ne cessaient d'attirer l'attention des autorités militaires sur les avantages de l'École de l'Assaut. Ils multipliaient leurs démarches et leurs efforts et se livraient à une active propagande. Ils réussirent enfin à faire intercaler dans le programme d'une brillante fête d'escrime, donnée, il y a plus d'un an, au Grand Hôtel, une série d'assauts de baïonnette exécutés par les élèves de Saint-Cyr. Ce fut un triomphe. Tout le monde des armes fut conquis. C'était le succès assuré du combat à la baïonnette dans tous nos tournois, dans tous nos assauts et, par conséquent, la certitude que, désormais, le matériel d'entraînement, dont l'usage venait d'être prescrit, quelque temps auparavant, dans les régiments, serait sérieusement employé. Malheureusement, la guerre ne tardait pas à éclater. Ainsi, deux classes seulement avaient connu, parmi les lenteurs, les hésitations et les tâtonnements du début, le combat à la baïonnette. Dix-huit autres classes ignoraient totalement ce mode d'instruction merveilleux.

Et il paraissait impossible de combler cette grave lacune de notre entraînement à l'arme blanche. Car, enfin, la plus grande partie de nos soldats se trouvaient sur le front. Ils se servaient tous les jours de la baïonnette. S'en servaient-ils bien? Oh! cela ne faisait pas de doute. Il suffit pour répondre à la question, de connaître la popularité de « Rosalie ». Mais, ne pouvaient-ils s'en servir mieux? Ceci, c'est autre chose. Quelques-uns de nos lecteurs, sans doute, ont visité le champ de bataille de la Marne. Aucun d'eux n'a-t-il rencontré, sur l'immense charnier, un de ces couples terriblement fixés dans le geste réciproque de la mort? Ils sont nombreux, trop nombreux, ces « coups doubles », dont la fréquense souligne l'élan, la fougue, le courage, et prouve aussi, hélas! l'inexpérience.

D'autres échos parvenaient du front. Nous n'ignorions pas quelle curiosité des multiples secrets du combat poursuivaient nos braves dans ces lignes de repos où il n'est pas si facile, tous les poilus le disent, de s'affranchir de l'obsession de la bataille. Ici, on étudiait la parade du coup d'assommoir familier des Boches avec la crosse. Là, on s'entraînait, au moyen de sacs de son, à acquérir cette détente sèche, appuyée par le poids du corps, qui crève d'un seul coup la peau, cette peau humaine dont l'incroyable résistance surprend toujours les novices. Ailleurs — car ce n'est pas tout d'entrer, il faut ressortir — on s'évertuait à trouver le tour de main indispensable pour retirer brusquement la terrible lame quadrangulaire sur laquelle, paraît-il, les lèvres de la blessure coincent très souvent, formant ventouse. Des parades, des bottes, des procédés particuliers, des trucs employés dans le corps à corps, voilà certainement ce qui intéressait, ce qui passionnait nos « poilus » pendant leurs heures de loisir au moins autant que la manille.

Et nous en avions la preuve, lorsque, parfois, dans ces milieux parisiens où des éducateurs passionnés préparaient nos « Marie-Louise », la jeune classe 1915, à ces charges à la baïonnette, qu'elle vient d'exécuter si brillamment sur le front, nous voyions paraître quelque blessé convalescent. Il s'intéressait au travail, posait des questions : « Que feriez-vous dans tel cas ? Dans tel autre? Voyons, par exemple, comment se débarrasse-t-on de deux adversaires ? » Et, c'était toujours l'invariable réponse : « Prenez donc le fusil d'étude, le masque, tenez, vous allez voir ! » Il repartait, ravi, en possession de quelques coups, absolument sûr de lui-même. Et nous songions avec tristesse : « Oui, mais les autres..., *tous les autres*, comment font-ils? Comment peuvent-ils s'entraîner? *Ah! si nous pouvions y aller!* Si nous obtenions l'autorisation d'apporter aux hommes les outils nécessaires avec la manière de s'en servir... Après, cela irait tout seul. Nos gars sauraient bien se débrouiller. »

C'est ainsi qu'est née l'idée du Comité du « Combat à la Baïonnette ». Elle consiste à mettre à la disposition des soldats, dans les « lignes de repos » où ils se reposent et où ils *jouent*, les éléments d'un jeu nouveau, d'un *sport* à la fois passionnant et utile qui, tout en distrayant les hommes, multiplie rapidement leur valeur combative. Nos soldats jouent aux quilles, au foot-ball, aux barres. Eh bien, pourquoi ne joueraient-ils pas... à la baïonnette ?

Cette idée très simple, a eu le bonheur de rallier autour d'elle toute une élite parisienne.

M. Hébrard de Villeneuve accepta aussitôt de la patronner. Bientôt, elle était agréée par M. le ministre de la Guerre. Et elle recevait enfin l'autorisation du Grand Quartier Général. Le Généralissime des Armées Françaises, Joffre, cette haute figure morale, à qui aucun des besoins ou des maux de nos chers soldats ne saurait être indifférent, avait approuvé cette œuvre dont le seul mérite est de joindre à beaucoup de patriotisme un peu d'ingéniosité.

André GAUCHER.

Le « Combat à la baïonnette » (1)

Certes, notre race possède d'admirables aptitudes à combattre à la baïonnette ; mais encore est-il indispensable d'exercer ces aptitudes pour parvenir à la maîtrise. Après la bataille de la Marne, on releva sur le terrain de nombreux groupes réguliers de deux combattants, un Français et un Boche, qui s'étaient embrochés mutuellement, pratiquant ainsi le coup des « deux veuves » avec une fréquence surprenante. Croit-on qu'il en eût été de même si nos troupiers avaient été entraînés à combattre à la baïonnette ? J'entends bien qu'au régiment on fait de « l'escrime à la baïonnette »; mais c'est là simple assouplissement, bon comme tel, mais incapable de former jamais un vrai baïonnettiste.

---

(1) Extrait d'un article publié par M. René LACROIX, directeur de la *Revue des Armes* dans l'*Intransigeant*.

En arrivant à toute allure sur l'ennemi, juger instantanément ce qu'il doit faire : profiter de la mauvaise position de l'adversaire pour entrer d'autorité, ou, si l'adversaire est en ligne, feinter pour le faire tirer puis parer et riposter du tac au tac, voilà ce que fera à coup sûr le « poilu » entraîné au « combat à la baïonnette », parce qu'il aura alors la science de ce combat et que ses réflexes éduqués réaliseront immédiatement sa pensée.

Sinon, le courage non plus que l'agilité ne suffiront : ce sera l'élan fou avec le coup double probable ou l'incertitude devant la pointe adverse ; même en cas de succès, que de mouvements inutiles, que de temps perdu !

Et que l'on n'objecte pas l'attaque en masse où le talent individuel ne servirait pas. A la seconde précise où, dans une charge en tas, on arrivera sur l'adversaire, l'homme habitué au combat à la baïonnette agira instinctivement comme l'escrimeur consommé, avec le sentiment du fer. Quelques secondes après, l'attaque d'ensemble se désagrégera en une infinité de combats singuliers où la supériorité du « baïonnettiste » entraîné fera merveille.

René Lacroix.

Prévoir (1)

Dans un autre ordre d'idée, on vient de constituer une Société pour le développement du *Combat à la baïonnette.* C'est une des fondations les plus utiles de l'état de guerre. Elle est due à l'initiative de M. André Gaucher. Apprendre aux hommes à se servir de « Rosalie », faire du « combat à l'arme blanche » une préparation scientifique, un entraînement qui double la valeur des combattants et renforce leur confiance et leur solidité morale, c'est encore une préparation qui s'impose à cette heure tant pour le public qui peut s'intéresser à l'œuvre par des souscriptions que pour les autorités qui faciliteront la tâche des équipes de professeurs envoyés sur le front.

La guerre d'usure est une opération savante, minutieuse, de longue haleine, où le moindre détail importe autant que la vue d'ensemble. Prévoir, préparer, organiser, c'est vaincre.

Léon BAILBY.

---

(1) Article paru dans *l'Intransigeant* du 9 août 1915.

Pour le "Combat à la Baïonnette" (1)

Il nous a fallu, en cette guerre, improviser bien des choses et les expérimenter du jour au lendemain, au petit bonheur, serait-on tenté de dire. Heureusement que ces improvisations n'étaient pas des créations nécessitant des recherches et des tâtonnements, mais constituaient au contraire des retours spontanés à la tradition militaire et à l'instinct de notre race.

C'est grâce à cet atavisme, sûr de lui-même, que la France a pu, du jour au lendemain se débrouiller, faire face et tenir bon.

Convenons-en : nous avions négligé sinon désappris la technique rationnelle et pratique de la guerre, si complexe dans ses multiples éléments, et le tir de l'infanterie et de la cavalerie n'était plus guère considéré, en France, que comme un banal terrain de manœuvres.

Seules, les écoles à feu de l'artillerie s'exécutaient encore avec zèle et rigueur : aussi, dès les premières rencontres, notre 75, arme incom-

(1) Article paru dans *Le Bonnet rouge* du 5 septembre 1915.

parable par elle-même, a-t-il merveilleusement travaillé, parce qu'il était servi par un personnel bien entraîné et solidement expérimenté.

Si l'instruction du fusil de notre infanterie était insuffisante, les optimistes à tous crins se croyaient du moins en droit d'affirmer que cette insuffisance du tir était largement compensée par notre maîtrise héréditaire à la baïonnette.

Certes, le combat à l'arme blanche est tout à fait dans notre tempérament, car nous sommes des impulsifs, habitués à agir comme à penser avec aisance et liberté, et aussi parce que le Français est individuellement brave.

Mais il n'en est pas moins vrai qu'entre un soldat rompu aux principes essentiels de l'exercice à la baïonnette et un autre qui ne s'en servira que par coups instinctifs et désordonnés, existe une notable différence de valeur et de rendement.

Tel est bien l'emblème où se retrouvent aujourd'hui le souple fantassin français, qui se précipite dans un coude à coude élastique, et le fantassin allemand qui opère en masse épaisse et lourde. Le premier n'aura raison du second, dans le corps à corps, que par la vivacité et la sûreté de son coup de pointe : vivacité et sûreté qui ne se peuvent acquérir que par l'étude raisonnée et par la pratique active des principes nécessaires.

C'est en songeant à ces choses qu'un groupe

d'épéistes et de patriotes vient de fonder, sous le titre *Comité du Combat à la Baïonnette*, une œuvre de guerre dont le but est de donner à notre héroïque infanterie un moyen de plus d'amoindrir ses pertes, tout en augmentant sa puissance d'attaque à l'arme blanche. Cette œuvre, fondée par M. André Gaucher, sous la présidence de M. Hébrard de Villeneuve, a été autorisée par le ministre de la Guerre et par le généralissisme qui, tous deux, se sont plu à en reconnaître l'incontestable utilité. Elle fournit à nos fantassins, quand ils sont au repos, les instruments de leur apprentissage d'escrimeurs : masque, gants et fusil avec baïonnette rentrante, en même temps elle leur rappelle ou leur enseigne les principes vrais et les méthodes sûres du combat à la baïonnette.

Georges Lemarchand,
Conseiller municipal de Paris.

OPINIONS MILITAIRES

Sur l'œuvre du " Combat à la Baïonnette ".

M. le général Avon écrit au Président du *Combat à la baïonnette*, M. Hébrard de Villeneuve, à propos de l'article de celui-ci, publié dans l'*Echo de Paris :*

J'en ai été vivement frappé et je considère, comme l'auteur de l'article, que le développement de cette escrime serait éminemment utile pour nos soldats, en achevant de leur assurer la supériorité dans le combat corps à corps devenu si fréquent alors qu'on le croyait à tout jamais passé de mode! Et ce sera une supériorité morale plus encore que physique sur leurs grands, gros, lourds adversaires, dont l'agilité française, développée par des principes méthodiques, aura certainement raison.

C'est encore à M. Hébrard de Villeneuve que M. le capitaine Fargues, un distingué spécialiste du combat à l'arme blanche, écrivait ces lignes, le 3 juillet dernier :

Je suis ici commandant d'un bataillon de plus de 1.000 hommes, recrues des classes 1914-1915, pour la plupart, que j'ai mission de préparer aux luttes futures.

Je ne chercherai point à retracer ici l'importance toute particulière que revêt la lutte à la baïonnette : *chaque jour affirme la nécessité de dresser nos soldats à un combat qui nous a procuré de si réels succès.*

Aussi, puisque vous voulez bien nous promettre de répandre dans les corps de troupes du front le matériel d'assaut nécessaire, je viens vous signaler mes besoins en vous priant de vouloir bien y donner satisfaction.

Fervent de l'escrime, admirateur du combat à l'arme blanche, je voudrais pouvoir faire de tous nos jeunes soldats des combattants agiles, adroits, *confiants dans leur arme.*

Du commandant Sauglier, également, cet extrait de lettre à M. Hébrard de Villeneuve :

J'estime avec votre Comité que l'on ne saurait, à l'heure actuelle, trop développer les aptitudes du combat à la baïonnette chez nos hommes ; et je suis convaincu que, si vous vouliez bien me fournir le matériel que j'ai l'honneur de vous demander, je parviendrais rapidement à un excellent résultat.

De son côté, le capitaine Collin, major d'un régiment d'infanterie territorial, écrit :

Monsieur,

Je vous serais particulièrement reconnaissant si vous vouliez bien mettre à ma disposition le matériel et les accessoires d'escrime à la baïonnette..... *Ce serait nous rendre un service inappréciable.*

Un simple soldat, de retour du front, écrit :

De retour du front où j'ai assisté à maints combats à la baïonnette, je suis au dépôt, où je remarque que les notions d'escrime que l'on donne aux soldats ne sont pas en rapport avec le véritable combat, et je suis à même d'en faire la remarque comme escrimeur, ancien prévôt.

Il serait bien utile d'élaborer un manuel d'escrime à la baïonnette simplifiant et supprimant même plusieurs mouvements que l'on apprend aux hommes et qui ne leur servent pas, *au contraire*, et, moyennant un peu de matériel, d'apprendre au soldat les quelques mouvements qui lui permettront d'être supérieur à l'attaque et à la défense, en lui donnant en même temps la confiance qui vient de la supériorité.

Mais ce sont surtout les cavaliers transformés en fantassins par les nécessités de la guerre de tranchées et qui, au début de la guerre, ne possédaient que le court mousqueton dépourvu de baïonnette, qui réclament le matériel indispensable à leur entraînement.

Un brigadier d'un régiment de marche de chasseurs d'Afrique, M. L..., écrit à M. Henri Galli, député de Paris, vice-président du *Combat à la baïonnette :*

J'ai l'honneur de vous faire connaître, Monsieur

le Député, que moi aussi bien que tous les hommes de mon peloton, serons heureux de nous instruire davantage, car nul n'a plus besoin qu'un cavalier de se perfectionner dans l'emploi de cette arme.

Actuellement, où toute la cavalerie occupe les tranchées tout comme l'infanterie, elle est comme celle-ci appelée à charger à la baïonnette.

L'initiative de votre Comité nous rendra, à nous cavaliers, d'immenses services. Je vous serais donc très reconnaissant, Monsieur le Député, si vous voulez bien m'envoyer un manuel. Cela me permettra, chaque fois que nous serons au repos, au retour des tranchées, de mieux employer les loisirs de mes hommes qui, tous, j'en suis sûr, ne demanderaient pas mieux que de s'entraîner davantage à l'emploi pratique de l'escrime à la baïonnette. J'estime qu'en ce moment, plus que jamais, où notre chère Patrie a besoin de nous, l'initiative de chacun doit être mise à profit.

C'est encore un cavalier aspirant d'un escadron qui écrit :

Je sollicite de votre bienveillance un jeu d'escrime à la baïonnette, masques et baïonnettes à ressort, pour notre escadron à pied, unité de cavalerie, mise à pied comme de l'infanterie et par suite médiocrement entraînée, malgré son entière bonne volonté.

Un entraînement pratique en ferait une troupe sûre, d'un dévouement et d'une ténacité absolus, comme la cavalerie a su se montrer, au début de la guerre, dans la Meuse et la retraite de Roulers à l'Yser. *Un entraînement sérieux en ferait une troupe capable de sacrifices utiles alors qu'elle n'est encore aujourd'hui capable que de sacrifice pur.*

Lettre de M. le Colonel d'Epenoux.

Monsieur le Secrétaire général
du *Combat à la baïonnette.*

Lorsqu'il y a trois semaines, en traversant très rapidement Paris, j'ai laissé à mon vieux camarade Breittmayer une demande de renseignements sur la possibilité de se procurer un matériel d'assaut à la baïonnette, je lui exprimais seulement le désir d'en acheter un. J'ignorais d'ailleurs en ce moment la création de votre Comité à laquelle j'applaudis d'autant plus chaudement que je puis bien me dire l'un des premiers propagateurs dans l'armée de cet exercice si nécessaire, et son seul champion dans la cavalerie. L'équipe du 4e Chasseurs à cheval, auquel j'appartenais alors, est la seule qui ait affronté chaque année, dès sa fondation, le championnat d'escrime à la baïonnette de la grande semaine militaire. Je m'étais engagé devant le Ministre à démontrer que des cavaliers *avec leur arme courte* seraient au moins égaux aux meilleures équipes d'infanterie. Le succès de cette démonstration a été plus complet encore que je n'aurais osé l'espérer.

Malgré cela, l'idée dont je m'étais fait le champion n'a guère progressé dans la cavalerie; nombre de gens m'ont considéré comme un révolutionnaire dangereux et il y a eu chez nos grands écrivains militaires une sorte de levée de boucliers contre l'adoption de ce moyen supplémentaire d'attaque et de défense « qui donnerait la tentation de transformer les cavaliers en fantassins ». Personne parmi nos techniciens en chambre n'avait voulu prévoir ou simplement envisager les exigences possibles ou même probables du combat moderne. La guerre actuelle est venue bien vite condamner brutalement cette funeste imprévoyance.

J'ai vu, dès le début de la campagne faite avec mes hommes, des attaques à pied et des défenses prolongées, sur des fronts considérables, avec peu de cartouches, et la crosse de nos carabines comme seule arme de corps à corps! La vaillance de nos hommes a compensé à peu près cette infériorité, mais *je pleurais de désespoir devant de nombreux et hardis coups de main qu'il eût été fou de tenter dans ces conditions.*

C'est au bout de six mois et à l'exemple des Anglais qu'on s'est enfin décidé à nous doter de la baïonnette, dont nul ne songeait plus à contester l'évidente nécessité.

Seulement, comme votre Comité l'a si bien et si vite compris, posséder une arme ne suffit pas, il faut utilement s'exercer à son emploi. Votre œuvre est donc d'une importance essentielle, puisqu'elle permet de suppléer aux très insuffisants moyens de fortune que pouvaient imaginer les convaincus.

En ce qui me concerne, vous pensez bien que ce n'est point pour mon dépôt que je désirais un matériel d'assaut et *que celui que vous voudrez bien m'envoyer sera employé sur le front de la façon la plus utile.* Comme quantité, 6 équipements me suffiront, 8 au maximum. L'idéal, pour nous cavaliers, serait de posséder la moitié des armes de la longueur du fusil d'infanterie, l'autre de celle du mousqueton de cavalerie. La technique de l'emploi de l'arme courte (la nôtre) contre le fusil est très simple, et quand on la possède l'avantage est marqué. Je vois par votre lettre que vous avez remédié à la plupart des défauts que comportaient soit le matériel d'assaut que faisait fabriquer l'État, soit celui de... etc.. Si je constate quelques imperfections, je ne manquerai pas de vous les signaler. Quant aux résultats, j'ai assez d'expérience de ce combat pour pouvoir, à coup sûr, les annoncer d'avance. *En quatre ou cinq séances d'exercice, on double largement la valeur offensive du combattant.*

Veuillez..., etc.

Lieutenant-Colonel D'EPENOUX,
commandant le ..e Dragons.

NANCY-PARIS, IMPRIMERIE BERGER-LEVRAULT.

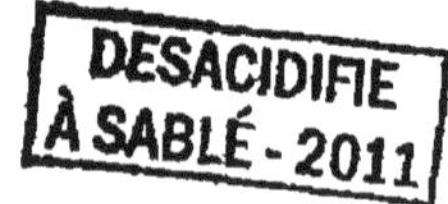

NANCY-PARIS, IMPRIMERIE BERGER-LEVRAULT. 546.9.15.

www.ingramcontent.com/pod-product-compliance
Ingram Content Group UK Ltd.
Pitfield, Milton Keynes, MK11 3LW, UK
UKHW021156220726
13924UKWH00003B/1162

9 782019 930318